My First Dinka Dictionary

Colour and Learn

kasahorow

Revised 2018-04-28
© 2017

Efia N.

Dinka: Meth

meth dië
meth da

English: Child

my child
our child

dit

bird

ajith

chicken

aɲɔu

cat

jɔɔk

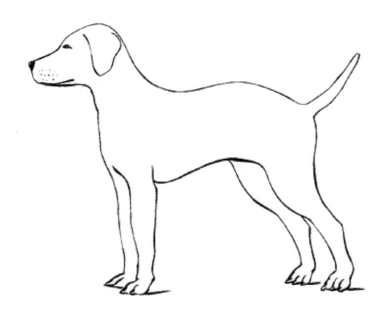

dog

aguek

frog

dap

butterfly

nyaŋ

crocodile

miir

giraffe

rec

fish

weŋ

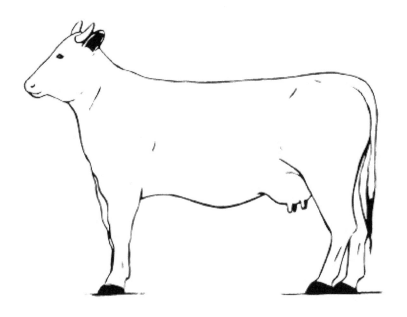

cow

acuk

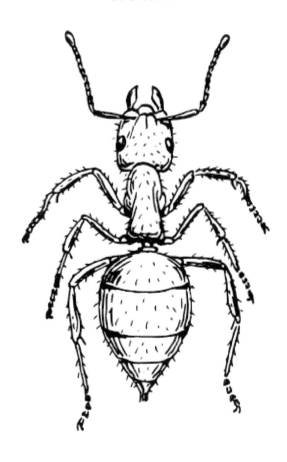

ant

liokliok

worm

guak

snail

biɛm

girl

tiɛŋ

woman

dɔɪ

boy

misny

man

adheer

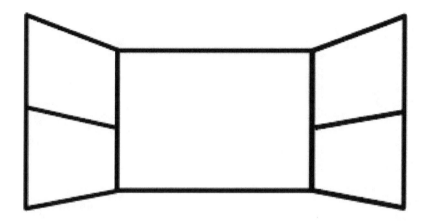

window

bertukan

orange

agol

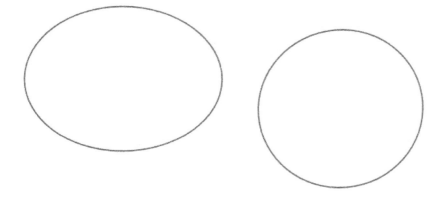

circle

maalaga

spoon

biny

cup

mıɛth

food

ayup

bread

alanh kumkum

blanket

sabun

soap

alath

clothes

war

shoe

baai

house

athiin

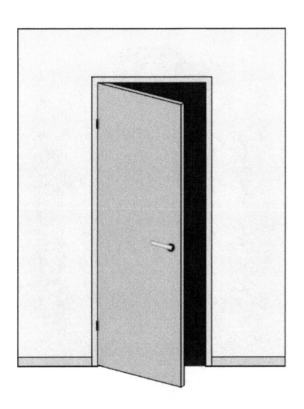

door

car

mirror

lem

knife

nyïn

eye

aɣau

nose

thok

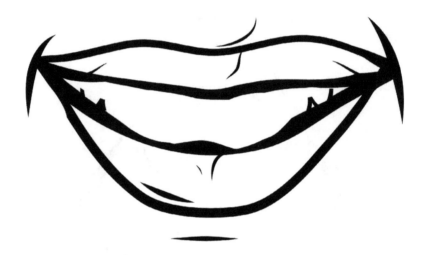

mouth

ciɛn

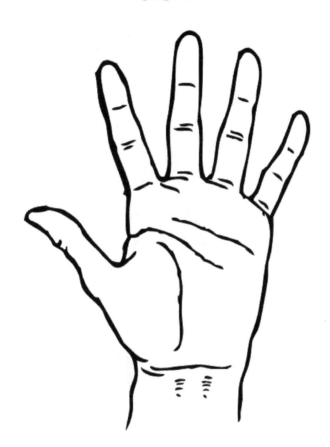

hand

diɛɛr

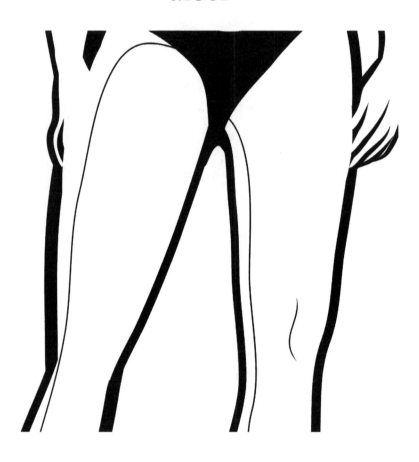

leg

akɛɛn

flower

lar

leaf

tiɛm

tree

awuthuth

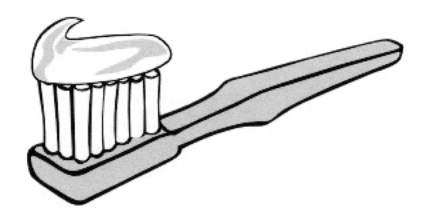

toothbrush

akup

box

mihadda

pillow

lɔnh

bell

thooc

chair

bam

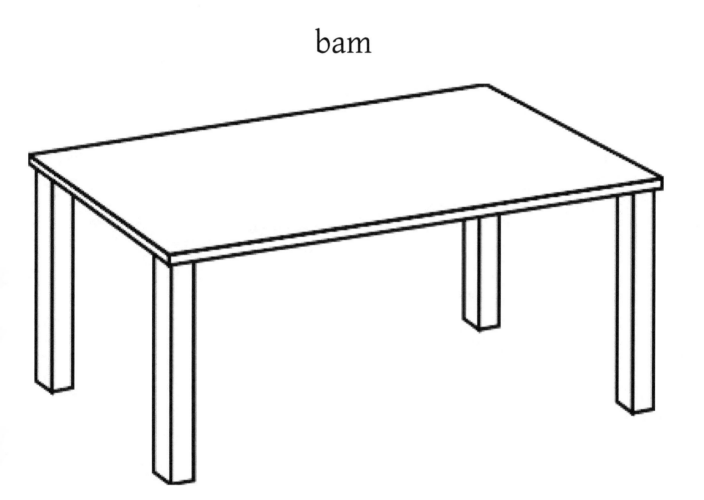

table

mus

banana

shok

fork

cmiɔ

gift

telbidhion

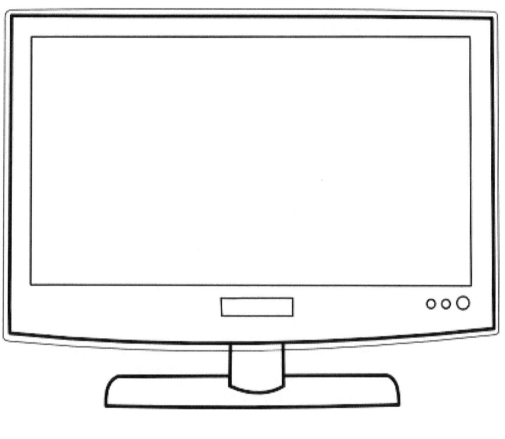

television

jerdak

bucket

agen

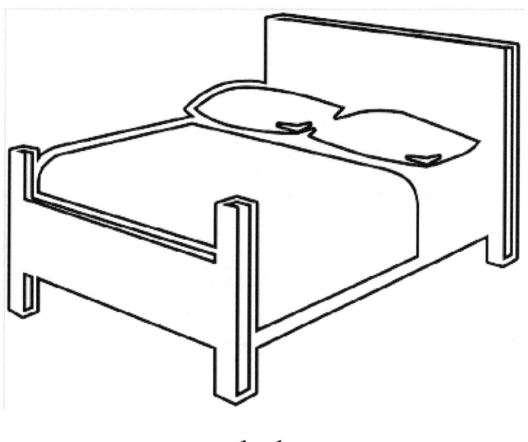

bed

akuthap

book

galam

pencil

kɔmbiotar

computer

sura

picture

gric

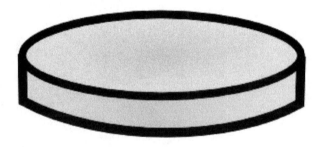

coin

toŋ

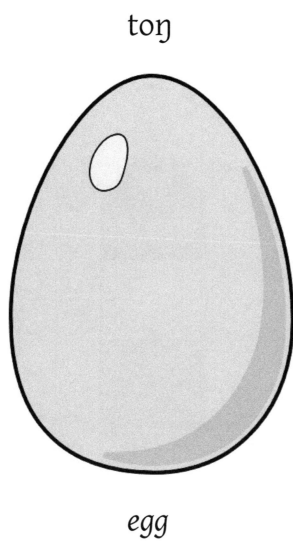

egg

amuc

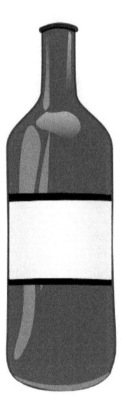

bottle

adit

basket

akɔl

sun

piaar

cloud

pɛɛi

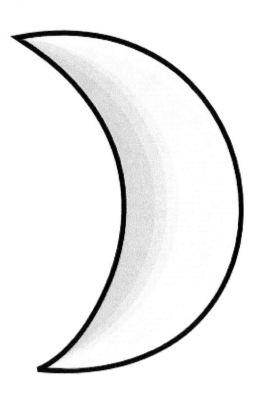

moon

kuel

star

kuura

ball

akaja-weeth

bicycle

trumbil

car

gatar

train

taiara

aeroplane

riai

boat

Index

acuk, 14
adheer, 21
adit, 63
aeroplane, 72
agen, 55
agol, 23
aguek, 8
ajith, 5
akaja-weeth, 69
akup, 45
akuthap, 56
akɔl, 64
akɛɛn, 41
alanh kumkum, 28
alath, 30
amuc, 62
ant, 14
athiin, 33
awuthuth, 44
ayup, 27
aŋɔu, 6
aɣau, 37

baai, 32
ball, 68
bam, 49
banana, 50
basket, 63
bed, 55
bell, 47
bertukan, 22
bicycle, 69
biny, 25
bird, 4
biɛm, 17
blanket, 28
boat, 73

book, 56
bottle, 62
box, 45
boy, 19
bread, 27
bucket, 54
butterfly, 9

car, 34, 70
cat, 6
chair, 48
chicken, 5
circle, 23
ciɛn, 39
clothes, 30
cloud, 65
coin, 60
computer, 58
cow, 13
crocodile, 10
cup, 25

dap, 9
dit, 4
diɛɛr, 40
dog, 7
door, 33
dɔl, 19

egg, 61
eye, 36

fish, 12
flower, 41
food, 26
fork, 51
frog, 8

INDEX

galam, 57
gatar, 71
gift, 52
giraffe, 11
girl, 17
gric, 60
guak, 16

hand, 39
house, 32

jerdak, 54
jɔɔk, 7

knife, 35
kuel, 67
kuura, 68
kɔmbiotar, 58

lar, 42
leaf, 42
leg, 40
lem, 35
liokliok, 15
lɔnh, 47

maalaga, 24
man, 20
mihadda, 46
miir, 11
mirror, 34
miɔc, 52
miɔny, 20
miɛth, 26
moon, 66
mouth, 38
mus, 50

nose, 37
nyaŋ, 10
nyïn, 36

orange, 22

pencil, 57
piaar, 65
picture, 59
pillow, 46

pɛɛi, 66

rec, 12
riai, 73

sabun, 29
shoe, 31
shok, 51
snail, 16
soap, 29
spoon, 24
star, 67
sun, 64
sura, 59

table, 49
taiara, 72
telbidhion, 53
television, 53
thok, 38
thooc, 48
tiɛm, 43
tiɛŋ, 18
toothbrush, 44
toŋ, 61
train, 71
tree, 43
trumbil, 70

war, 31
weŋ, 13
window, 21
woman, 18
worm, 15

Dinka kasahorow Library

```
https://din.kasahorow.org/app/l
```
help+din@kasahorow.org

CPSIA information can be obtained
at www.ICGtesting.com
Printed in the USA
LVHW050923011218
598888LV00046B/1670/P